Mes jolies HISTOIRES de NOËL

Textes de

Mireille Saver, Delphine Dumouchel, Ella Coalman, Corinne Machon et Claire Bertholet.

Illustrations de

Estelle Madeddu, Stéphanie Alastra et Jérémy Parigi.

Hemma

Table des matières

Mes chocolats de Noël

Mireille Saver – Estelle Madeddu

Bonjour ! Je m'appelle Caramel ! Je suis un chien très gourmand.

Devinerez-vous où j'ai caché ma boîte de chocolats de Noël ?

Je l'ai cachée **dans un carton.**

Mais si le chat veut manger mes chocolats...

Oh, oh ! Il vaut mieux que je les cache ailleurs.
Alors devinerez-vous où je les ai camouflés ?

J'ai mis mes chocolats **dans un carton**
et le carton **dans un sac à provisions.**

Mais si ma maîtresse avait besoin de son sac
à provisions… Catastrophe !

Alors devinerez-vous où je les ai dissimulés ?

J’ai mis mes chocolats **dans un carton,**
le carton **dans un sac à provisions**
sous une couverture de laine.

Cependant j’ai peur que la voisine réclame
une couverture de laine pour se protéger du froid…
Misère !

Alors devinerez-vous où je les ai rangés ?

J’ai mis mes chocolats **dans un carton,**
le carton **dans un sac à provisions,**
sous une couverture de laine et j’ai caché le tout
dans la cabane au fond du jardin.

QUELLE BONNE IDÉE !

Et si le jardinier devait aller dans la cabane du jardin…
il trouverait ma cachette !
Aïe, aïe, aïe ! Que faire ?

Alors devinerez-vous où se cachent
mes chocolats ?

J'ai mis ma boîte de chocolats **dans un carton,**
le carton **dans un sac à provisions,**
sous une couverture de laine,
dans la cabane au fond du jardin,
bien à l'abri derrière la brouette.

Là, mes chocolats sont vraiment bien cachés.
Mais vous avez oublié ! Je suis un petit chien très gourmand.
Tellement gourmand que les chocolats, finalement,

je les ai croqués.

Eh oui ! C'est Noël après tout !

Ho ! Ho ! Ho !

Delphine Dumouchel - Estelle Madeddu

Ho ! Ho ! Ho !
Mais quel est ce drôle de bruit,

Ho ! Ho ! Ho !
Qui résonne dans la nuit ?

Ho ! Ho ! Ho !
Il est accompagné de grelots,

Ho ! Ho ! Ho !
Et de claquements de sabots.

Ho ! Ho ! Ho !
Qui est ce bonhomme
aux grosses bottes,

Ho ! Ho ! Ho !
Qui porte sur son dos,
une hotte ?

Ho ! Ho ! Ho !
Vite, vite, les enfants au dodo !

Ho ! Ho ! Ho !
Il approche les bras chargés
de cadeaux.

Ho ! Ho ! Ho !
Une fois vos souliers bien remplis,

Ho ! Ho ! Ho !
Il repart avec les rennes, ses amis.

Ho ! Ho ! Ho !
Le père Noël s'en est allé
tout souriant.

Ho ! Ho ! Ho !
Courez bambins,
Découvrir vos présents !

La hotte du père Noël

Ella Coalman - Stéphanie Alastra

« La hotte du père Noël a disparu !
La hotte du père Noël a disparu ! »

Dans l'atelier du père Noël, c'est la pagaille.
Des lutins courent de tous les côtés.
L'heure de partir approche et personne ne sait
où est passée la hotte du père Noël
depuis l'an dernier.

– **Saperlipopette !**
s'écrie le père Noël,
nous devrions déjà l'avoir remplie de cadeaux
pour les enfants du monde entier !
C'est une catastrophe,
si je prends du retard,
je n'aurai jamais le temps de faire ma tournée complète
avant le lever du soleil.

Poupées
Voitures
Trains

Les lutins courent, se bousculent.
Le père Noël ne parvient plus à penser.

– **Oh ! oh ! oh !**
déclare-t-il de sa voix forte.
Réfléchissons, mes amis !
Cette hotte ne peut pas avoir disparu.
Elle est forcément quelque part.
Nous ne trouverons rien en courant dans tous les sens.

Il faut s'organiser.
Les lutins **bleus**, vous ferez le tour de l'atelier !
Les lutins **rouges**, vous irez voir dans les box des rennes !
Les lutins **jaunes**, regardez dans le jardin !
Les lutins **verts**, allez voir chez moi !

Je vous donne cinq minutes.
Ensuite, retrouvez-moi ici.
Ces recherches m'épuisent.

Le père Noël s'assied, il est très fatigué. Il sait qu'il lui reste encore beaucoup de travail à accomplir pendant la nuit. Il ne peut pas se permettre de partir en retard.

Cinq minutes plus tard, les lutins sont tous de retour.

Ils s'alignent face au père Noël de plus en plus inquiet.

– Les rouges ?

– Rien, père Noël.

– Les bleus ?

– Aucune trace...

– Les jaunes ?

– Pas même l'ombre d'une hotte !

– Les verts ?

– Hélas...

C'en est trop,
le père Noël se fâche tout rouge :
– Bonté divine ! Cette hotte ne peut pas avoir disparu ! Vous savez que, sans ma hotte magique, je ne peux pas faire ma distribution de cadeaux...
Que vont penser les enfants ?

Soudain, on entend une toute petite voix : c'est un lutin violet.
– Père Noël, je crois que vous êtes assis dessus.
Le père Noël se retourne et part dans un grand éclat de rire.
– Eh bien mes amis, c'est bien la première et, j'espère, la dernière fois qu'une telle mésaventure se produit. Allons, il est grand temps de remplir la hotte et de partir.
Aussitôt dit, aussitôt fait.

– Joyeux Noël aux enfants du monde entier !
s'exclame-t-il en disparaissant dans les étoiles.

L'ours blanc

Corinne Machon -Jérémy Parigi

Depuis le printemps, la forêt enchantée abritait un nouvel habitant.

C'était un ours blanc.

Comment était-il donc arrivé là ? Eh bien, il ne se le rappelait plus bien et au fond, ça n'avait pas grande importance.
Il était très gentil et s'était fait des tas d'amis.

Seulement voilà, il y avait un hic !

L'ours blanc craignait la chaleur.
Sa fourrure était très épaisse et l'été qui arrivait lui faisait très peur.
Tous ses amis étaient malheureux pour lui et chacun essayait de trouver une solution.

D’abord, on l’installa sous le plus vieux chêne de la forêt,
parce que ses branches étaient larges et ses feuilles bien épaisses.

Puis, on lui essaya toutes sortes de chapeaux
et de casquettes plus ou moins à la mode.
On lui prêta un éventail pour se faire de l'air mais il n'y avait rien à faire,
notre ours blanc avait toujours chaud,

de plus en plus chaud.

Le club des joyeuses grenouilles lui offrit le privilège de tremper toute la journée dans leur mare en dégustant des glaces et des sorbets.
Mais à cette époque de l'année, l'eau de la mare était tiède et moustiques pullulaient.

Notre pauvre ours se fit piquer partout !

Enfin, on lui trouva une vieille grotte,
ayant appartenu à un ours brun taciturne et solitaire.
Mais cette grotte était tout au bout de la forêt enchantée.
L'ours blanc détestait la solitude
et passait ses journées à pleurer.

Lorsque l'automne arriva enfin, tout le monde fut soulagé et la vie reprit son cours normal. Quand le vent tourna au nord, il apporta avec lui le froid, le givre et la neige. Pour remercier ses amis fidèles de s'être si bien occupés de lui pendant l'été, notre ours fabriqua une luge pour jouer avec eux, toute la journée.

Cependant, à la veille de Noël, les animaux étaient inquiets.
Ils aimaient profondément leur ami, mais savaient très bien que l'hiver ne durerait pas éternellement et qu'au printemps prochain, au lieu de se réjouir pleinement du retour du soleil, l'ours blanc serait à nouveau malheureux.

Il fallait absolument trouver une solution !

Après mûre réflexion, ils tombèrent tous d'accord.

Le père Noël allait les aider.

On demanda à madame Lapin, qui écrivait sans faire de fautes ni de taches, de rédiger une lettre pour expliquer leur requête.

Le père Noël aimait beaucoup venir dans la forêt enchantée.
Quand son traîneau se posa sur la neige, tous les animaux l’attendaient
avec une grande impatience.
Il avait pour eux tout plein de friandises et des caresses à revendre.

– Cette année, c’est un peu particulier,
dit le père Noël en cajolant une dizaine de petits lapins installés sur ses genoux.
Vous n’avez rien demandé de particulier pour vous…

Vous voulez simplement que votre ami rentre chez lui, n’est-ce pas ?

L’ours avait préparé sa valise. Le père Noël la déposa dans le traîneau.
Tout le monde avait bien du mal à retenir ses larmes.

– **Ne vous inquiétez pas,** leur dit le père Noël qui taquinait les écureuils venus se cacher dans ses poches. Voilà ce que je vous propose. Chaque année, lorsque le vent tournera au nord et que le givre et la neige seront proches, je vous ramènerai votre ami, afin que vous puissiez partager et jouer avec lui une partie de l’hiver.

Cela apaisa un peu les amis de la forêt.

C'est ainsi que notre ours blanc rentra chez lui.
Aujourd'hui, il reçoit de très jolies cartes postales qui lui montrent **le soleil, les fleurs et les grenouilles** en train de se baigner.

Lui, il envoie à ses amis des photos **de la neige et des icebergs** aussi hauts que le plus grand chêne de la forêt enchantée !

N'oublie pas notre maison, père Noël...

Claire Bertholet - Estelle Madeddu

Noël approche.
Dans la grande ville hérissée d'immeubles si hauts
que l'on dirait qu'ils touchent le ciel, tous les habitants
se préparent à recevoir la visite du père Noël.

Tous ?

Regardons bien. Là, tout en bas, **une minuscule maison** tout étroite est nichée entre deux immenses gratte-ciel. Elle a si peu de place qu'elle semble serrer ses murs comme on serre ses bras dans la foule.

Regardons mieux.

Le passage est si étroit jusqu'à l'étroite cheminée de l'étroite maison que, chaque année, **le père Noël l'oublie** dans sa tournée.
De toute façon, même s'il voulait y aller, il ne pourrait pas, avec son grand traîneau et son attelage de rennes.

Regardons encore de plus près
parce que dans cette minuscule maison vit une famille de souris.

Or, papa et maman souris ont décidé de passer à l'action, car
il n'est plus question d'oublier leur maison !

En effet, leurs bébés sont nés dans l'année et ils aimeraient
de beaux cadeaux pour leurs souriceaux.

Maman souris a bien réfléchi.
Comme le père Noël est un grand gourmand,
elle décide de lui préparer un bon goûter.

– C'est une excellente idée !

approuve papa souris.
Mais comment faire pour que le père Noël le sache ?
– Tu verras, mon chéri !

Et tandis que le père Noël passe justement dans le ciel,

la bonne odeur de chocolat chaud et de pain d'épices

monte depuis la petite maison étroite.

– Snif ! Snif !

Mais quel est donc ce délicieux parfum ?
se demande le père Noël.

De son traîneau, il aperçoit la minuscule maison des souriceaux.

– Oh ! Je ne l'avais jamais vue ! s'étonne-t-il.

Le père Noël entend aussi les rires des bébés s'envoler entre les gratte-ciel.

En fouillant dans sa hotte,
le père Noël trouve des cadeaux
pour les souriceaux et les attache
à un ballon.

Hop ! Lesté par les petits paquets,
le ballon descend comme un parachute
et se faufile par la cheminée.

Quelle surprise pour les souris !
Le père Noël a envoyé
des petits chats en peluche pour les souriceaux.

Papa et maman souris les déposent aussitôt dans leur berceau.

Puis ils accrochent au ballon une tranche de pain d’épice,
qui s’envole dans le ciel.

– Merci, père Noël !
crient papa et maman souris.
– Joyeux Noël à vous et à vos petits !

Il paraît que depuis ce Noël si particulier, le père Noël n’a plus jamais oublié l’étroite maison de la si gentille famille souris.

La boîte aux lettres

Mireille Saver - Estelle Madeddu

Patchi, le renardeau, a écrit **sa lettre au père Noël**
pour lui demander des cadeaux :
une voiture de pompier, un gros ballon
et un livre sur les dinosaures.

Après s'être appliqué à écrire l'adresse sur l'enveloppe,
il court jusqu'à l'orée du bois
pour poster **sa précieuse lettre**
dans la boîte jaune.

Mais Patchi n’est pas le seul à avoir eu cette idée.
Tous ses amis de la forêt sont là, à la queue leu leu
devant **la boîte aux lettres.**

Patchi prend son tour dans la rangée,
vite rejoint par d’autres animaux.
De sa place, il observe la file qui avance doucement.

C’est au tour de Sauty, la grenouille, de poster sa lettre.
Hop ! Elle fait un bond de géant et c’est chose faite.

Puis vient Taidou, le chat sauvage.
Il se met sur la pointe des pattes.
Ho ! Hisse ! Il fait l’acrobate et c’est dans la boîte.

C'est ensuite le tour de Nala, la petite laie,
qui se fait aider par sa maman. **Youpi !** Nala a réussi.

Domino, le daim, est juste à la bonne hauteur.
Pof ! La lettre tombe dans le ventre jaune.

Petit à petit la boîte à lettres se remplit.
La file rétrécit.
C'est bientôt le tour de Patchi.

Mais il y a tellement de lettres dans la boîte
qu'il n'y a plus de place pour celle de Patchi.

Pauvre Patchi !

Soudain, un bruit de moteur se fait entendre et...

Tut, tut !

Voilà le facteur qui arrive dans sa camionnette !

Le facteur ouvre la porte de la boîte aux lettres
et toutes les enveloppes tombent dans son grand sac.
Patchi en profite pour y mettre la sienne.

– **Ouf !** Maintenant, je suis certain que ma lettre sera demain chez le père Noël !

De retour à la maison, Patchi ferme les yeux
et rêve à **tous les beaux cadeaux** qu'il a commandés.

Le monstre au fond du lac

Corinne Machon - Jérémy Parigi

Ness était un gentil monstre, qui vivait tout au fond d'un grand lac argenté.
Il était le dernier de son espèce et sa vie était bien triste.
Il ne remontait à la surface de l'eau qu'une fois la nuit tombée,
pour être bien sûr que personne ne le voie.

C'est très dur d'être un monstre, parce que les gens ne croient pas une seconde qu'on peut être gentil…

Une nuit, alors qu'il longeait la berge au milieu des roseaux, il aperçut quelque chose sur la rive.

Comme il n'avait pas beaucoup de distractions, sa curiosité fut piquée au vif.

C'était un livre !

Ness le prit et l'emporta tout au fond de l'eau pour mieux l'examiner.

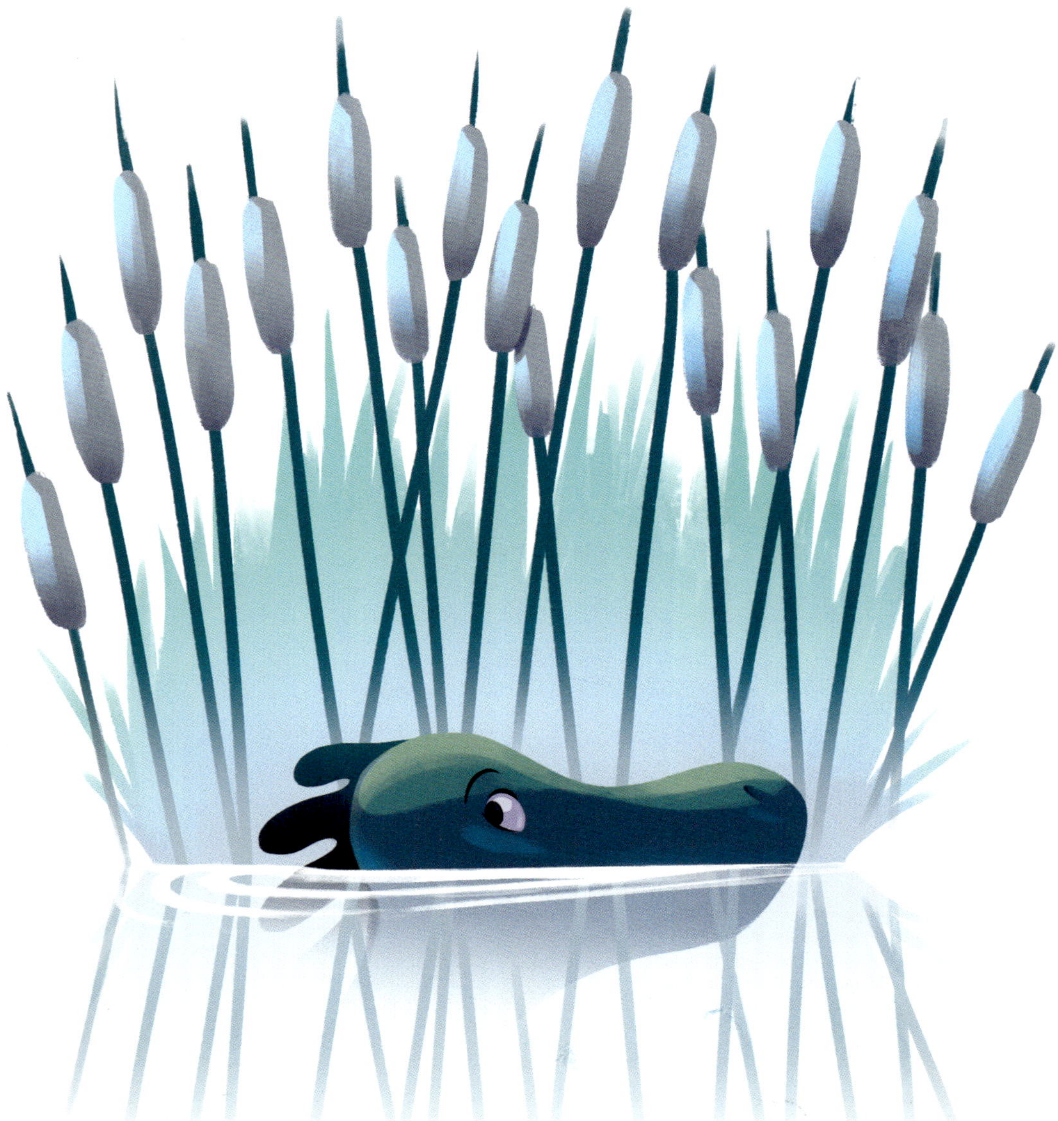

Arrivé chez lui, il se fit une bonne tasse de thé,
s’assit dans son fauteuil préféré et se mit à lire.
C’était un livre sur Noël.

Ness était ébloui !

Il y avait de si jolies images ! Certaines avaient des paillettes et en passant son doigt dessus, Ness en avait aussi ! Il y avait des sapins, comme au bord du lac, sauf que ceux du livre étaient couverts de boules de toutes les couleurs, de nœuds rouges et dorés et de guirlandes scintillantes.

Et surtout, Ness apprit l'existence du père Noël.
Et là, il prit une grande décision : il allait lui écrire !

Après plusieurs brouillons, voici à quoi ressemblait sa lettre :

Très cher père Noël,

*Vous ne me connaissez sans doute pas et c'est bien normal,
puisque jusqu'à ce soir, moi non plus, je ne savais pas que vous existiez.
Je suis bien content de le savoir, maintenant.
Je ne suis pas un méchant monstre, mais je suis un monstre, c'est vrai !
Je suis bien seul et si vous pouviez m'apporter ne serait-ce
qu'un tout petit cadeau, eh bien, je serais le plus heureux !*

Joyeux Noël cher père Noël !

Ness

Le lendemain soir, Ness attendit la nuit noire pour aller sur la berge choisir un petit sapin. Il prit bien soin de ne pas couper ses racines et il se promit de venir le replanter lorsque Noël serait fini. Ness était un monstre très écolo !

Il le décora au mieux, avec de petites choses qu'il avait ramassées çà et là et passa la veillée à déguster du pain d'épices.

Tandis qu'il se servait son cinquième morceau,
car son estomac était celui d'un monstre, tout de même,

Bim !

Boum !

Patatra !

Le père Noël atterrit tout mouillé dans son salon…

– Oh ! là là ! Mon scaphandre n'est pas étanche ! dit-il en riant.
Je suis désolé, Ness, ton tapis est inondé !

Mais Ness se fichait de l'eau sur son tapis.

Il regardait le père Noël avec **stupéfaction** et beaucoup **d'admiration**.

Le père Noël était **magnifique** et il avait à peu près le même ventre bien rond que notre gentil monstre !

– Ness, continua le père Noël, je suis vraiment confus… Je… Je ne te connaissais pas.

Mais j'ai **un merveilleux cadeau pour toi**. Il t'attend près du traîneau, viens avec moi. J'ai laissé les rennes sur la rive ! Ils n'ont pas le sabot marin !

La pleine lune éclairait la rive du grand lac argenté.
Devant le traîneau, tout plein de monstres, pareils à Ness attendaient.

– Je n'étais pas le dernier de mon espèce ?

– Non, Ness. Joyeux Noël !

– Joyeux Noël, père Noël !

Depuis cette belle nuit, sachez que Ness a des tas d'amis et que, chaque année, ils fêtent Noël, plus heureux que jamais. Ils ont même offert un nouveau scaphandre au père Noël !

Les vieux jouets

Mireille Saver - Stéphanie Alastra

Quelques jours avant Noël, le père Noël prend sa longue vue et observe dans la chambre des enfants. À chaque fois, il ronchonne dans sa barbe :
– Ces enfants me réclament des jouets alors qu'ils en ont déjà plein. Mais que vont-ils faire de tous les jouets de l'an passé ?
– Les mettre dans des cartons et les oublier, lui répond le lutin secrétaire.
– Quel gâchis ! rouspète le père Noël.
Il inspecte la chambre de Lino.
Là, comme ailleurs, les jouets ne manquent pas.
– **Oh ! Oh ! Oh !** Mais que fait donc Lino ? se demande le père Noël.

Lino a vidé sur le sol son coffre à jouets et il les trie, soigneusement, un par un, en les disposant en quatre tas bien distincts :

les cassés, les réparables, les presque neufs, les « je n'aime plus ».

Un à un, les jouets prennent leur place sur l'un des tas.
Puis, Lino et son papa font quelques petites réparations.

– Mais que va faire Lino de ces jouets ?
se demande le père Noël
sans détacher son œil de sa longue vue.

Quand les jouets sont prêts,
aussi beaux que des jouets neufs,
Lino prépare des paquets
qu'il entoure d'un beau ruban de couleur.

Une fois les paquets terminés, Lino les charge dans la voiture de son papa et, ensemble, ils les emportent jusqu'à la mairie où ils seront distribués aux enfants malchanceux.

– Oh ! Oh ! Oh !
s'exclame le père Noël, ravi.
Mais il va prendre ma place, ce garçon.
Si tous les enfants font comme Lino,
je vais pouvoir prendre
ma retraite dès l'an prochain.

– **Certainement pas !** répond un lutin, sinon qui va remplir le coffre à jouets et les étagères de Lino ? À ce propos, si vous lisiez sa lettre…

Ce soir-là, la neige se met à tomber à gros flocons et Lino, sur le chemin du retour, est **aussi content que le père Noël lui-même** après sa tournée.

Blanc-Doux

Corinne Machon - Estelle Madeddu

Blanc-Doux est un petit lapin craintif.

Quand il a un peu peur, **hop !** il court se cacher derrière le tablier de sa maman.

**Aujourd'hui,
c'est le premier jour
de l'hiver.**

Madame Lapin doit faire
des provisions.
Blanc-Doux lui donne
la main pour aller
au marché.

Blanc-Doux aime bien le marché.
Il y a des tas de choses à regarder.
Mais il y a aussi beaucoup de monde.

Alors de temps en temps, **hop !**
notre petit lapin disparaît derrière
le tablier de sa maman !

Madame Lapin achète des carottes bio, et des herbes fraîches pour bien les cuisiner.

À présent, **il est temps de rentrer.**

Sur le chemin du retour, le vent se met à souffler.
Il siffle dans les oreilles de Blanc-Doux
qui n'est plus tellement rassuré.
Le tablier de maman se soulève.

Il n'a plus d'endroit où se cacher.

– Le vent n’est pas méchant,
lui explique sa maman.

Il annonce l’arrivée de la neige !

Des flocons se mettent
à tomber.
L’un d’eux se pose sur le nez
de petit Blanc-Doux,
qui louche pour le regarder.

Le lendemain, lorsqu'il s'éveille, tout est **blanc**, aussi **blanc** que lui !
– Sors de derrière mon tablier, Blanc-Doux !
Je crois que tes amis arrivent, tu vas pouvoir aller jouer.

Mais Blanc-Doux ne veut pas !

– Mes copains ont de la chance ! Leur pelage est roux, ou noir comme du charbon.
Mais moi, **je suis tout blanc !** Si je me perds dans la neige,
personne ne me retrouvera jamais !

Maman sourit. Elle ouvre son armoire
et donne à Blanc-Doux ce qu'elle lui a tricoté :
un joli bonnet et une écharpe rouges
comme les coquelicots en été.
Blanc-Doux saute au cou de sa maman.
Ça alors !
Quelle bonne idée !

Toc ! Toc ! Toc !

Les amis sont là.

Blanc-Doux n'a plus peur d'aller jouer avec eux dans la neige.

En regardant par la fenêtre, maman aperçoit trois lapereaux qui foncent à toute allure sur des luges en bois.

Et devinez un peu qui gagne la course ?
Pour vous donner un indice, je dirais que son bonnet est aussi rouge qu'un coquelicot en été !

Lupus, le très grand gros loup gris

Corinne Machon - Estelle Madeddu

Lupus est un **très grand gros loup gris.**

Il est nouveau dans la forêt. Les autres animaux ne l'aiment pas du tout !
Alors pour le chasser, ils lui montrent les dents.

Grrrrrrrrrrrr !

Lupus est **très triste.**
C'est Noël et
il n'a pas d'amis.

Ce soir, en attendant l'arrivée du père Noël,
tous les animaux vont se retrouver et
décorer ensemble
le plus grand sapin de la forêt.

Lupus n'est pas invité,
mais il décide d'y aller
quand même.

Il enfile sa doudoune
et son bonnet et aussi
ses bottes fourrées.

Dehors,

il fait très froid.

Pour aller plus vite,
Lupus décide de prendre
un raccourci.
Il traverse le grand lac
tout gelé.

Mais Lupus est

très grand et très gros.

Soudain, il entend
un drôle de bruit.

Cric ! Crac !

La glace se brise
sous ses pattes.
Lupus ne bouge plus
et son cœur bat très fort.

Et d’un seul coup…

Plouf ! Patatras !

Le voilà qui plonge dans l’eau gelée.

Le père Noël, qui passait par là, a tout vu.
Il vient **au secours** de notre pauvre loup.

Lupus s'est transformé
en un gros et grand glaçon !
Le père Noël l'attache avec
une corde au traîneau.

Il l'emmène près du sapin,
où l'attendent tous
les autres animaux.

On allume un grand feu.
Goutte à goutte, la glace fond et
Lupus retrouve la liberté.
Son museau est rouge et il ne cesse d'éternuer.

ATCHOUM !

Il explique à tout le monde
qu'il n'est pas un méchant loup.
Lupus ne mange pas de viande.
Il cultive son jardin et recycle toujours
ses déchets.
Et puis, Lupus a aussi Internet.

C'est un très grand gros loup gris, très moderne !

Les autres animaux
se rendent compte
qu'ils se sont trompés.
Lupus n'est vraiment pas
un loup méchant.

**On ne lui montrera
plus jamais les dents.**

Ce soir, même si notre loup a eu très très peur,
il est le plus heureux.
Il a rencontré le père Noël et il s'est fait des tas d'amis !

Bravo, très grand gros loup gris !

Drôle de cadeau !

Corinne Machon – Jérémy Parigi

Eulalie MacNamara était une **très vieille dame** qui ne sortait pas beaucoup de chez elle. Tout le monde la connaissait mais personne ne savait lui donner un âge.

Qui aurait pu penser une seule seconde que cette mamie ordinaire cachait **un secret incroyable ?**
En effet, petite fille, elle avait été **la plus sage** de tous les enfants que le père Noël avait connus.
Toutes les années, elle ne manquait jamais de faire sa liste, très proprement, sur du papier fleuri choisi avec soin.

Mais le secret ne s'arrêtait pas là !

Depuis quelques années, le père Noël en personne venait lui apporter ce qu'elle demandait.

C'était pratiquement la même chose à chaque fois :

des chocolats fourrés pour la gourmandise et **un livre de géographie** parce qu'elle rêvait de faire le tour du monde.

Donc, cette année encore, le père Noël arrêta son traîneau devant chez Eulalie et celle-ci lui ouvrit grand sa porte, avec un sourire et une excitation qui restaient les mêmes que lorsqu'elle était enfant.

Mais, lorsque le père Noël ouvrit sa hotte, il vit tout de suite que quelque chose clochait...

– **Nom d'un petit lutin !** dit-il en se frottant la barbe. Je crois bien que j'ai fait une erreur !

Et en effet, pas de chocolats et pas de livre,
il ne restait dans sa hotte

qu'une planche de surf !

Eulalie MacNamara parut un peu surprise.

Mais, comme elle était très bien élevée, elle dit :

– Eh bien, mais ne vous inquiétez pas, père Noël… Je trouverai bien quelque chose à faire avec… Heu... Peut-être **une planche à repasser** ou… **un décor moderne** à mettre dans le jardin…

– Vraiment, dit le père Noël, je suis **plus que confus…**

Quand le père Noël s'en alla,
la neige se mit à tomber à gros flocons.

Au fond de son lit, Eulalie n'arrivait pas à fermer l'œil.
Cette planche de surf lui trottait dans la tête.

Elle passa la nuit à se documenter sur cette chose **si étrange**
que le père Noël lui avait apportée.

Savez-vous ce qui est arrivé ensuite ?

Eh bien, le lendemain matin,
Eulalie MacNamara **fit ses bagages.**

Elle les ficela sur sa planche de surf,
puis elle monta dessus
et essaya tant bien que mal de
garder l'équilibre.

Lorsqu'elle se sentit prête, elle ouvrit grand sa porte
et **hop !** glissa comme si de rien n'était sur la neige fraîche.

Quel bonheur !

Quelles sensations **extraordinaires** elle découvrait là !

Et, depuis ce jour, Eulalie MacNamara fait **le tour du monde**
avec sa planche.
Glissant tantôt sur la neige, tantôt sur les océans,
elle parcourt la terre entière !

Elle envoie toujours une très belle lettre au père Noël chaque année,
mais ce n'est plus pour lui demander des chocolats !

C'est pour le remercier de son **merveilleux cadeau**
qui lui fait découvrir tant de beaux pays
et qui lui a apporté tout plein de **nouveaux amis !**

Petits chaussons et gros cadeaux

Claire Bertholet – Estelle Madeddu

Par la fenêtre de sa maison,
la petite Amélie contemple le ciel étoilé.
Soudain, **une étoile filante** passe au-dessus
du grand sapin dans le jardin.

Comme c'est bientôt Noël,
Amélie fait le vœu de recevoir les cadeaux
qu'elle a commandés cette année.

Deux beaux cadeaux **très gros**...

– N'oublie pas de mettre tes chaussons
au pied du sapin !
lui dit sa maman la veille de Noël.
Comme ça, le père Noël pourra
y déposer tes cadeaux.

Mais Amélie est **une toute petite fille**,
avec **de tout petits** pieds.
Alors comment recevoir **de gros** paquets
quand on a **de tout petits** chaussons ?

Oh, oh ! Amélie a une idée. **Hop !**
Elle chipe les pantoufles de son papy pendant sa sieste.
Ni vu ni connu, il est endormi dans son fauteuil.

Ron pchi !

Les pantoufles de papy sont très grandes,
elles sont parfaites.

Pour qu’il ne rouspète pas, Amélie les cache derrière le sapin.
Et pour que le père Noël les trouve, elle n’oublie pas de déposer
près des pantoufles **un verre de lait et une carotte** pour son renne.

Après la veillée de Noël, c'est l'heure d'aller se coucher.

– **Bonne nuit, mon petit chat,**
disent maman et papa.

– **Bonne nuit, ma souris,** dit papy.
Dis-moi, tu n'aurais pas vu mes pantoufles ?

Amélie ne répond pas, elle dort déjà.

Ron pchi !

Quand Amélie s'éveille le lendemain matin, elle est ravie :

ça y est, c'est Noël !

Vite, la fillette saute de son lit et se précipite au salon.

Le verre de lait est vide, la carotte grignotée,
mais, dans les pantoufles de papy,
Amélie ne trouve qu'un petit paquet

tout riquiqui.

– Ce n'était pas la peine de mettre de grandes pantoufles, ça aurait été pareil avec les miennes !

En ouvrant le paquet minuscule, la fillette découvre **une paire de lunettes.**

Oh non !

Le père Noël s'est trompé :
dans les pantoufles de papy, forcément,
il a livré le cadeau de papy.
Amélie est très déçue,
elle a envie de pleurer.
Soudain, elle entend
de grands cris.

**– Youhou, Amélie,
regarde par ici !**

Amélie se précipite à la fenêtre :
papa l'appelle depuis le jardin.
Au pied du grand sapin,
le père Noël a déposé
deux énormes paquets !

Amélie s’habille et file dehors

déballer ses cadeaux.

Youpi ! Le père Noël lui a apporté ce qu'elle espérait :

une luge de bois et
un énorme ours en peluche !

Papa explique en souriant :
– Le père Noël les a posés là
car ils étaient trop gros
pour passer par la cheminée.

Vite !

Amélie part promener son ours sur la luge.
Quant à son papy, installé derrière la fenêtre avec ses nouvelles lunettes,
il lui fait signe en souriant.

Bonne balade, Amélie !

Une maison pour Crocket

Mireille Saver – Estelle Madeddu

C'est la nuit de Noël
et Crocket, le petit chien égaré,
se cherche une maison.

Dans la rue, par-dessus les clôtures, il voit, tour à tour,
une **grande** niche, une **moyenne** niche et une toute **petite** niche.

Crocket décide de visiter la **grande** niche.
Elle est très spacieuse avec un lit épais.

Juste devant l'entrée, une **grande** gamelle est pleine d'un succulent repas de réveillon. Mais il y a aussi un **très gros** chien couché juste à côté.

– **Oh !** dit Crocket, cette maison est bien belle,
mais elle ne me conviendrait pas.

Elle est beaucoup trop grande.

Crocket continue son chemin
et passe à la **moyenne** niche.
Elle est confortable et toute décorée
de guirlandes lumineuses.
Juste devant l'entrée, se trouve
un bol rempli d'eau fraîche.

Mais il y a aussi trois petits bols pour trois chiots.
– **Oh !** dit Crocket, cette maison n'est pas pour moi,
elle est déjà **bien trop occupée.**

Sans se décourager, Crocket part visiter la **petite** niche.
Elle est bien petite mais **très agréable** et surtout, surtout,
elle est **vide**. Crocket avance prudemment.

Pas de repas de réveillon mais juste un petit os posé dans une assiette,
pas de guirlandes lumineuses mais juste une petite étoile
accrochée au-dessus de la porte.

À l’intérieur, une couverture de laine
dans laquelle Crocket se blottit aussitôt.
Là, Crocket s’endort, certain d’avoir trouvé
la maison de ses rêves.

Bon Noël Crocket !

Mila

Ella Coalman - Stéphanie Alastra

Il était une fois une petite fille qui vivait seule avec ses parents.
Mila n'avait pas de frères ni de sœurs et, même si elle s'entendait très bien avec les animaux qui vivaient dans la forêt voisine,
elle se sentait souvent seule.
Elle aurait tant aimé que ses parents aient un autre enfant.
C'était l'hiver, la neige couvrait les toits.
Mila s'ennuyait, elle regardait par la fenêtre les animaux dans la neige.
Dans le salon, le sapin brillait sous les boules et les guirlandes.
Soudain, elle eut une idée.
Elle mit son bonnet, son écharpe, ses gants et son blouson et sortit dans le jardin.
– Je vais faire un bonhomme de neige.

Mila roula une énorme boule. Elle en roula une plus petite et la posa sur la première.

– Tu seras mon ami, dit-elle au bonhomme.

Au même moment, un lapin passa.

– Il est très joli ton ami, Mila, mais il n'a pas d'yeux **pour te voir**, de nez **pour te sentir**, ni même de bouche **pour te parler**.

Mila était d'accord avec lui.
– **Attends**, lui dit le lapin.
Il revint peu de temps après accompagné d'un écureuil et d'un moineau.
Le lapin donna une carotte à Mila.
– Voilà pour **son nez.**
L'écureuil lui donna deux petites noisettes :
– Voilà pour **ses yeux.**
L'oiseau ouvrit son bec et déposa trois baies rouges :
– Et voilà pour **sa bouche !**

Mila s'empressa de tout placer.
Elle contemplait son nouvel ami, lorsqu'elle entendit une grosse voix.
Un cerf arrivait de la forêt :
– Tu as oublié les bras.
Mila applaudit.
– Vous êtes **formidables**, les amis ! Comment ai-je pu me sentir seule ?
– Nous t'aimons tous très fort Mila, ce soir c'est Noël, fais un vœu, il s'exaucera.

À minuit, devant le sapin, pendant que le père Noël faisait sa tournée,
Mila fit un vœu.

Et, l'année d'après...
Mila ouvrit ses paquets
et ceux du bébé qui venait d'arriver
dans la famille !

Parce que, à Noël,
tous les vœux sont possibles.

Petit ours s'est perdu

Corinne Machon - Estelle Madeddu

Petit ours aime beaucoup regarder les traces dans la neige.
Il **reconnaît** les empreintes des grosses pattes de son papa.

Il **reconnaît** aussi celles de son ami le rouge-gorge,
qui vient manger les miettes dans le jardin.

Mais ce matin, petit ours aperçoit
des traces qu'il ne connaît pas.

Et si c'était le traîneau du père Noël ?

Petit ours décide de les suivre.

Il pousse la barrière du jardin
et part à l'aventure.

Il ne dit rien à sa maman, parce qu'il croit
qu'il est assez grand pour se promener seul dans la forêt.

Ses petites pattes, aussi, laissent des traces dans la neige.

C’est très amusant !

Tout en bas d'un grand sapin,
petit ours **reconnaît** les empreintes d'un écureuil.
Il s'arrête un peu pour mieux les observer.

Tiens ! Il se met à neiger !

Les petites étoiles de neige, d'abord légères comme du duvet se transforment vite en flocons très épais.

Petit ours se retourne et ne voit plus
la trace de ses petites pattes.

Devant lui, c'est pareil.
La neige a tout recouvert.

Petit ours ne sait plus très bien où il est.

Il a peur et se met à pleurer.

Soudain, une main se pose sur son épaule.
C'est monsieur Renard, le facteur.
Il fait sa tournée à ski.
Quelle chance !

Monsieur Renard est très gentil.
Dans sa poche, il a toujours des caramels.

Comme il a distribué tout son courrier, il installe petit ours **bien au chaud** dans son sac à dos.

Il faut vite rentrer, car maman doit s'inquiéter.

Petit ours trouve que faire du ski
c'est très très chouette !
Et quelle surprise en se retournant !

Les skis de monsieur Renard laissent les mêmes traces
que le traîneau du père Noël !

Quelle aventure !

Maman n'est pas très contente,
mais elle ne gronde pas son ourson.
Il a eu si peur !

Monsieur Renard promet
qu'il emmènera petit ours
à sa prochaine tournée.
Avec la permission de maman !

Alors, même si petit ours n'a pas vu le père Noël,
il est très content.

Corniflette qui pue qui pète

Corinne Machon - Stéphanie Alastra

Corniflette qui pue qui pète **n'aime pas Noël**.
C'est bien normal, me direz-vous,
lorsqu'on est une méchante sorcière.
Sauf que, cette année, devant les vitrines tout illuminées,
Corniflette qui pue qui pète, **pleure très fort**.
Elle a bien essayé d'écrire au père Noël,
mais il lui a aussitôt répondu : « **NON !** »
Personne n'aime Corniflette.
Elle ne se lave jamais et passe son temps à péter.
Ensuite, elle s'enfuit sur son balai ébouriffé.

Seule la jolie Églantine prend pitié.
– Mais moi, je pourrais peut-être
glisser un petit mot au père Noël ?
dit la petite fille.
– Non, ça ne marchera pas !

Alors Églantine se fâche.
– Tu pourrais faire un effort, aussi ! Te laver, par exemple, et cesser de péter partout où tu vas ! **C'est quoi cette manie ?**
Tu pourrais aussi demander pardon
pour tous les vilains sorts que tu as jetés !

Corniflette qui pue qui pète est perplexe.
C'est que, dans toute sa vie de sorcière,
des bêtises… elle en a fait !
La panne de tous les ordinateurs
du village… **c'est elle !**
L'épidémie pustuleuse
au printemps dernier…
c'est elle aussi !

Mais Églantine est **une petite maligne.**
Elle emmène la sorcière Corniflette chez elle,
pour la métamorphoser.
D'abord un bon bain,
quelques dentelles
et voilà une Corniflette
toute neuve !

Puis, elle lui attache une pancarte autour du cou sur laquelle on peut lire :

« C'est moi ! Corniflette qui pue qui pète,
mais qui maintenant sent bon la savonnette !
Pour me faire pardonner, je viens chez vous, tout nettoyer ! »

Corniflette qui pue qui pète fait du porte-à-porte et les gens n'en croient pas leurs yeux. Elle lave, elle récure, sans grimacer et sans péter !
Églantine est très fière d'elle. Elle aide son amie à refaire une lettre au père Noël, pour tout expliquer et aussi s'excuser.
Eh bien, me direz-vous… **Que s'est-il donc passé ?**
Sous son sapin, Corniflette a trouvé toute une panoplie de femme de ménage.
Avec les gants en caoutchouc, le tablier, et même le « pschitt »
pour tuer toutes les bactéries !
Églantine peut être fière… Car c'est bien grâce à elle que
Corniflette a trouvé un métier,
qu'elle sent bon la savonnette,
et qu'elle n'a plus jamais
pété de toute sa vie !

Et le père Noël est bien de cet avis !

Dans la poche de mamie

Corinne Machon - Jérémy Parigi

– Tiens-toi un peu tranquille ! dit maman Kangourou à petit Kangou qui saute partout.

Papa tente de lui mettre ses chaussures, mais ses pieds ne veulent pas.
Son bonnet ne veut pas non plus rester sur ses oreilles et il a déjà perdu un gant.

Ah non ! Vraiment, petit Kangou !

Cette année, toute la famille va chez grand-mère et grand-père pour fêter Noël.
Comme mamie est un peu enrhumée, il va falloir l'aider.

Cric ! Crac !

Maman ferme la porte à clé, puis range celle-ci au fond de sa poche !
On saute par-dessus la barrière du jardin et puis, c'est tout droit jusqu'au petit bois.

Petit Kangou aime passer du temps avec ses grands-parents.

Parce qu'ils lui racontent des tas de belles histoires et aussi parce qu'ils ne le grondent jamais !

Et surtout, mamie a une poche **extraordinaire**.
Elle y cache des tas de choses qui sont comme **des trésors,**
un peu comme **des secrets !**

Mais pour l'instant, son nez est rouge et elle éternue sans cesse.

La journée passe vite.
La table est très joliment décorée. Il est presque l'heure de dîner.

Mais on ne trouve plus la petite étoile d'argent qu'on met d'ordinaire au bout du sapin.

Nom d'un petit kangourou !

Où peut-elle bien être ?

Pour petit Kangou cela ne fait aucun doute...
Elle est **dans la poche de mamie !**

Hop ! Le voilà parti à fouiller !

– Tu rangeras tout après ! rigole mamie
en entrouvrant légèrement sa poche
entre deux éternuements.

Petit Kangou sort le bout de son museau.

– Oh ! Mamie ! Il y a **un trou** au fond de ta poche !

– Voilà donc d'où venait ce petit courant d'air qui m'a enrhumée !
Avec quoi pourrais-tu le boucher ?

Petit Kangou trouve qu'une de ses chaussettes ferait très bien l'affaire !

– C'est une bonne idée, rétorque Mamie. **Mais la petite étoile ?**

– Je l'ai ! dit fièrement petit Kangou, tout essoufflé.

Le sapin est terminé.
Mamie a fini d'éternuer, alors le Noël des kangourous **peut commencer !**